100

cosas que deberías saber sobre las

ARMAS
Y ARMADURAS

100

cosas que deberías saber sobre las

ARMAS
Y ARMADURAS

Rupert Matthews

susaeta

Título original: *Arms & armour*

Dirección editorial: Isabel Ortiz
Traducción: Fernando Valdés
Corrección: Carmen Blázquez + Equipo Susaeta
Diseño: Michelle Cannatella
Maquetación: Miguel Ángel San Andrés + Equipo Susaeta
Índice: Jane Parker
Reprografía: Anthony Cambray, Stephan Davis,
Liberty Newton, Ian Paulyn

AGRADECIMIENTOS
Los editores desean dar las gracias a los siguientes artistas
que han colaborado en el presente libro:
Peter Dennis, Mike Foster, Alan Hancocks, Richard Hook, Angus McBride,
Andrea Morandi, Alex Pang, Carlo Pauletto, Mike Saunders, Mike White

El resto de ilustraciones pertenecen a Miles Kelly Artwork Bank

Los editores desean dar las gracias a las siguientes
fuentes por el uso de sus fotográfias:
Página 43, Museo Ninja, Uemo

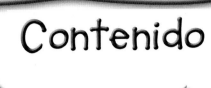

Contenido

Armas y guerra

1 Los hombres han usado armas y armaduras para cazar, defenderse y atacar desde hace miles de años. Las armas son instrumentos usados por una sola persona. La armadura es una vestimenta protectora o un instrumento cuya función es defender de los ataques. Las armaduras primitivas estaban hechas de madera o cuero y las primeras armas eran de madera o piedra.

▼ En la batalla de Lechfeld (cerca de Augsburgo, Alemania), en el año 995 d. C., los alemanes destruyeron al ejército húngaro, mucho más numeroso, debido a que se protegían con cotas de malla y usaban armas más modernas.

Las primeras armas

2 Algunas de las primeras armas eran de piedra. Los primeros humanos vivieron hace cientos de miles de años. Los arqueólogos (científicos que estudian las antiguas poblaciones) han encontrado armas confeccionadas con piedras afiladas.

▲ Este hacha de mano se hizo con una sola piedra. Se blandía con una mano efectuando rápidos movimientos cortantes.

3 Las primeras armas se usaban tanto para cazar como para luchar. Los arqueólogos han hallado huesos de ciervos, mamuts y otros animales, y han llegado a la conclusión de que fueron cazados empleando armas de piedra.

▶ Hace unos setenta y cinco mil años, las lanzas se fabricaban con puntas de piedra sujetas a las astas con tiras de cuero.

4 Los primeros guerreros no usaban armadura. Se cree que las primeras tribus luchaban entre sí para adueñarse del control de los mejores terrenos de caza y de las fuentes. Estos guerreros no usaban armadura, confiaban su seguridad a la capacidad para esquivar los golpes del enemigo.

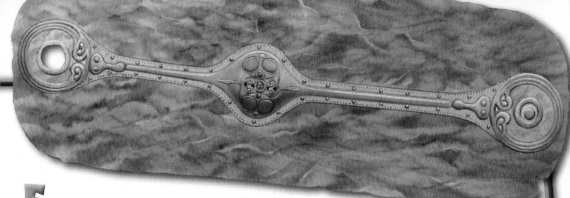

5

Los escudos fueron una de las primeras maneras de defenderse. Una estocada de lanza podía detenerse interponiendo en su camino una pieza de madera. Pronto se empezaron a fabricar escudos hechos con una plancha de madera y con un asa en la parte posterior. Con el paso de los años, los escudos se fabricaron de diversas maneras y de distintos materiales como el metal, la madera y el cuero.

▲ Hacia el año 300 a. C. los celtas construyeron hermosos escudos decorados con bronce y coloridos esmaltes. Algunos, como éste encontrado en Londres, pudieron usarse en las ceremonias.

▶ El sílex es una piedra dura que puede ser fracturada y trabajada de muy diversas maneras para dar lugar a una gran variedad de armas, como estas puntas de flecha.

6

Las lanzas fueron las primeras armas efectivas. En un principio consistían en una punta de piedra afianzada en el extremo de un asta de madera. Con una lanza se podía alcanzar al enemigo y mantenerse fuera del alcance de sus armas de mano. Las lanzas más antiguas, halladas en Alemania, datan de hace 400.000 años.

¡NO ME LO PUEDO CREER!

Los indicios más antiguos de una batalla provienen de Krapina, Croacia, donde se encontraron huesos humanos de hace 120.000 años con evidentes marcas provocadas por lanzas de punta de piedra.

Antiguas civilizaciones

7 **Los antiguos egipcios usaban su pelo como armadura.** Algunos antiguos egipcios se dejaban el pelo muy largo y se lo enrollaban con firmeza alrededor de la cabeza antes de entrar en combate. Creían que esto les ayudaría a protegerse la cabeza.

▲ El faraón egipcio Tutankamón aparece reflejado disparando su arco desde un carro de guerra contra los enemigos de Egipto.

8 **Algunos soldados egipcios llevaban escudos tan grandes como ellos.** Hacia 1800 a. C., los soldados llevaban escudos tan altos como un hombre. Se escondían detrás de ellos cuando atacaba el enemigo y salían de su cobijo para usar sus lanzas.

9 **La infantería egipcia solía usar hachas.** Los soldados que formaban parte de la escolta personal del faraón (el rey) usaban hachas especiales. Estas armas eran de bronce y resultaban muy pesadas, por lo que se daban con ellas potentes mandobles.

▲ Filo curvo de un hacha de guerra egipcia. Era capaz de partir cualquier armadura o escudo de la época. Se empleaba para cortar, mientras que otras hachas se usaban para perforar la armadura.

10 **Los asirios vestían enormes cotas de malla.** Hacia 900 a. C., los soldados del ejército asirio se protegían casi por completo con cotas de malla, una armadura formada por anillos de metal entretejidos que podían aguantar el impacto de espadas y lanzas.

11 **Los babilonios vestían armaduras pintadas de colores brillantes.** Hacia 1000 a. C., la antigua ciudad de Babilonia, Mesopotamia (ahora parte del actual Iraq), era famosa por su riqueza. Los soldados babilonios solían pintar de vivos colores sus armaduras para resultar más impresionantes en combate.

▶ El ejército asirio asalta una ciudad fortificada en Mesopotamia usando torres de asalto y arcos.

11

Hoplitas y falanges

12 **Los hoplitas eran la infantería pesada.** Desde 700 a. C. la infantería griega estaba equipada con escudo, yelmo, lanza y espada. Se les denominaba hoplitas, «hombres armados». Cada hoplita usaba sus propias armas y armadura.

13 **Si un griego perdía su escudo era considerado un cobarde.** El escudo de los hoplitas tenía un metro de diámetro y estaba hecho de madera y bronce, por lo que era muy pesado. Cualquiera que huyera del enemigo se vería obligado a deshacerse de él, de ahí que aquél que perdía el escudo era tachado de cobarde.

14 **Los hoplitas luchaban en formaciones llamadas falanges.** En la batalla, los hoplitas permanecían hombro con hombro de modo que sus escudos se solapaban y sus lanzas asomaban por encima de ellos. Una falange estaba formada por seis o más columnas de hoplitas, uno detrás de otro.

▶ El éxito de los soldados griegos en la batalla dependía de que se mantuvieran en formación cerrada, de modo que los enemigos no pudieran romper su línea de escudos.

¡NO ME LO PUEDO CREER!

Los hoplitas espartanos eran tan poderosos que afirmaban que podían ganar cualquier batalla, aunque fueran sobrepasados en una proporción de cinco contra uno.

15 **Las lanzas griegas tenían un «mata lagartos».** Las lanzas hoplitas tenían un clavo de bronce en el extremo posterior del asta. Se usaba para fijar al suelo la lanza deteniendo así las embestidas enemigas, y lo llamaban *sauroter*, «matalagartos».

16 **Los mejores yelmos estaban hechos de una sola plancha metálica.** Los habilidosos herreros de la ciudad griega de Corinto inventaron un método para hacer yelmos golpeando una única lámina de bronce hasta darle la forma deseada. Estos yelmos resultaban mucho más fuertes que los de varias piezas de metal y se denominaban «corintios».

Legiones romanas

▲ Una legión romana abandona un fuerte fronterizo bajo la supervisión de un legado, que la lidera.

17 Las legiones se componían de infantes armados.

La principal fuerza de combate de Roma era la legión, una fuerza de unos seiscientos soldados. La mayoría iban equipados con un peto metálico, un yelmo, un gran escudo rectangular, una espada corta y una o varias lanzas arrojadizas.

▶ La armadura de un legionario se componía de varias piezas que podían ser sustituidas en el caso de que fueran dañadas.

18 La armadura tenía bandas metálicas.

En tiempos del Imperio Romano, del año 50 al 250 d. C., los legionarios vestían una armadura llamada *lorica segmentata*, compuesta de bandas metálicas moldeadas para ajustarse al cuerpo y sujetas con correas de cuero y hebillas.

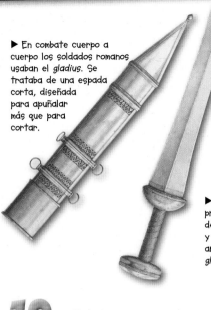

▶ En combate cuerpo a cuerpo los soldados romanos usaban el *gladius*. Se trataba de una espada corta, diseñada para apuñalar más que para cortar.

21 Las espadas romanas se basaban en las hispanas.

A partir del año 200 a. C., los soldados romanos llevaban espadas de filos rectos y punta afilada. Se basaban en las espadas de los hispanos que habían derrotado a los romanos en combate.

▶ Un soldado auxiliar protegido con una cota de malla corta, un yelmo y un escudo oval. Como armamento, lleva el *gladius* y la jabalina.

19 Los auxiliares romanos eran tropas más baratas.

Toda legión romana contaba con tropas conocidas como «auxiliares» compuestas por soldados que no eran ciudadanos romanos. Estos soldados tenían que proveerse de su propia armadura y a menudo vestían túnicas cubiertas de cota de malla o de escamas, compuesta de pequeñas escamas metálicas entretejidas.

20 Los soldado romanos podían formar la «tortuga».

Una táctica empleada por los romanos era la formación llamada *testudo* («tortuga»). Los soldados formaban un cuadrado y permanecían muy juntos solapando sus escudos por todos los lados y por arriba, como el caparazón de una tortuga. Así podían avanzar hacia el enemigo sin preocuparse de las lanzas o flechas que les arrojaban.

La caída de Roma

22 **La infantería romana abandonó la armadura.** Hacia el año 350 d. C. las legiones romanas prefirieron la movilidad en el campo de batalla a la protección. Dejaron de usar la pesada armadura y sólo portaban grandes escudos y yelmos metálicos.

23 **Los ejércitos romanos tardíos contrataban arqueros mercenarios.** Los generales romanos se percataron de que los arqueros resultaban muy efectivos contra las tribus bárbaras. Pero pocos romanos eran buenos arqueros, de modo que contrataron arqueros mercenarios de otros países.

24 **Los escudos romanos estaban brillantemente coloreados.** Cada unidad del Imperio Romano tardío lucía su propio diseño en el escudo. Algunos estaban decorados con águilas, escorpiones o delfines, mientras que otros tenían rayos o espirales.

◀ Los escudos del Imperio Romano tardío estaban brillantemente decorados. Cada unidad lucía su propio emblema.

▼ Hacia el año 350 d. C., los ejércitos romanos contaban con una numerosa caballería para llevar a cabo campañas relámpago.

25 El águila era un estandarte sagrado.

Cada legión romana tenía un estandarte sagrado, el *aquila*. Era un águila de bronce cubierta con pan de oro y montada en el extremo de un asta de unos tres metros de longitud. El *aquila* era sagrada y suponía una gran humillación que fuera capturada por el enemigo.

▶ Un *aquilifer* romano, un portaestandarte portando el *aquila*. Cada legión contaba con uno de estos estandartes, considerado sagrado. Las unidades de caballería y los auxiliares portaban estandartes con otras figuras de animales.

26 La caballería romana tardía llevaba enormes escudos.

Un tipo de caballería romana tardía eran los *scutati*. Estos jinetes llevaban cota de malla y enormes escudos con los que protegerse a sí mismos y a sus monturas. Su objetivo era galopar hacia el enemigo, arrojarle jabalinas y alejarse antes de que éste pudiera contraatacar.

¡NO ME LO PUEDO CREER!

Alarico I, rey visigodo, saqueó Roma en el año 410 d. C. Era famoso por llevar una espada con empuñadura de oro macizo.

Gladiadores

27 **Los gladiadores luchaban en el circo romano.** Muchas ciudades romanas albergaban un circo, que tenía gradas para que el público se sentara y una zona oval en el centro cubierta de arena. En el circo tenían lugar combates entre hombres llamados gladiadores, que eran entrenados en la lucha a muerte para complacer al público. Usaban espadas, tridentes, cuchillos y otras armas.

Samnita

28 **Los yelmos de los gladiadores eran grandes y estaban profusamente decorados.** Los combates eran un espectáculo impresionante. Las armaduras de los gladiadores estaban decoradas con plumas de colores, hermosos diseños y, en ocasiones, estaban bañadas en oro o plata.

Tracio

◄ La mayoría de los yelmos de los gladiadores tenían máscaras metálicas para proteger el rostro.

▲ Los gladiadores samnitas usaban un gran escudo y una espada corta, mientras que los tracios tenían un escudo pequeño y una espada curva.

29 **La armadura del gladiador no estaba diseñada para salvar la vida.** El propósito de estos combates era mostrar un espectáculo de habilidad con las armas y el castigo por perder podía ser la muerte. Una herida en las extremidades no solía ser mortal, pero podía suponer el fin del combate, de ahí que llevaran protecciones en dichas partes del cuerpo para prolongar el combate todo lo posible hasta el aciago final.

► Yelmo de un gladiador andabata. Carecía de agujeros para los ojos en la visera, por lo que tenía que combatir a ciegas.

▲ El reciario era un tipo de gladiador basado en los pescadores, por lo que iba armado con una red y un tridente.

30 **Un tipo de yelmo carecía de agujeros para ver en la visera.** En ocasiones se obligaba a combatir con estos yelmos a algunos gladiadores, los andabata (*andabatae* en latín). Tenían que luchar a ciegas, confiando sólo en su oído.

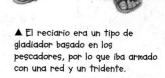

19

Los bárbaros

31 **Los carros de los celtas intimidaban a sus enemigos.** Las batallas entre tribus celtas rivales solían comenzar con demostraciones de habilidad por parte de guerreros famosos sobre carros.

32 **Los hunos usaban armas ligeras.** Hacia el año 370 d. C. los hunos se adentraron en Europa procedentes de Asia. Luchaban a caballo con arcos y lanzas, pero sin armadura. Se movían con rapidez y no tenían piedad.

33 **La falcata dacia era un arma terrible.** Los dacios vivieron en la actual Rumanía entre los años 400 y 600 d. C. y luchaban sobre todo a pie. Algunos guerreros dacios llevaban una espada larga y curvada de filo ancho llamada falcata. Era un arma tan afilada y pesada que podía cortar por la mitad a una persona.

▶ La rapidez y la precisión de los hunos como arqueros a caballo aterrorizó a los romanos.

34 **Los francos recibieron su nombre de su arma favorita.** Una tribu germana que vivió entre el año 300 y el 600 d. C. se hizo famosa por usar pequeñas hachas arrojadizas. Estas armas tenían un mango corto y una pequeña hoja en forma de S, y fueron llamadas *franciscas*. Los hombres que las esgrimían fueron llamados francos, y pronto toda la tribu recibió ese nombre, que acabó denominando a la región que ocupaban como Francia.

◀ Un guerrero dacio esgrimiendo una falcata. Los dacios vivían en tribus fuera de las fronteras de Roma y se enfrentaban a menudo con los romanos.

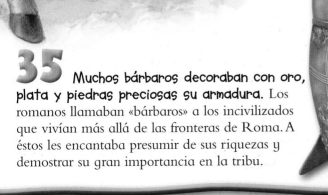

▼ Yelmo que perteneció a un rey anglosajón que gobernó Anglia Oriental, Inglaterra, hacia el año 625 d. C. Era de hierro y estaba decorado con oro y plata.

35 Muchos bárbaros decoraban con oro, plata y piedras preciosas su armadura. Los romanos llamaban «bárbaros» a los incivilizados que vivían más allá de las fronteras de Roma. A éstos les encantaba presumir de sus riquezas y demostrar su gran importancia en la tribu.

El Imperio Celestial

36 Las tropas chinas vestían armaduras compuestas por docenas de placas metálicas. Las placas medían unos ocho centímetros de largo por seis de ancho y estaban unidas por correas de cuero y cosidas a una prenda también de cuero. China fue unificada hacia el año 221 a. C. y los chinos veían en esa unión la base de su poder y su riqueza.

37 Se protegían de las flechas con camisolas de seda. Muchos soldados chinos vestían camisolas de seda bajo la armadura. Si una flecha perforaba la armadura introduciría la tela de seda en la herida sin romperla, de forma que arrancando la tela se podría extraer la flecha limpiamente.

▼ Una patrulla de soldados chinos vigila la Gran Muralla hacia el año 200 a. C.

38

Las ballestas se usaron por primera vez en China. Eran más poderosas que los arcos usados por las tribus nómadas establecidas al norte de China, así que eran usadas a menudo por las tropas destacadas en la frontera septentrional. Consistían en un arco pequeño y poderoso montado sobre un mango de madera y accionado por un gatillo.

39

La infantería usaba armas de asta. La infantería china solía portar lanzas de dos metros de longitud. Con frecuencia se sustituía la punta de la lanza por una cabeza de hacha o por un filo cortante. Estas armas permitían a la infantería atacar al enemigo de muchas maneras a la hora de sortear sus escudos.

40

La caballería china iba pesadamente equipada. Cuando patrullaba las regiones fronterizas, la caballería china operaba en grandes formaciones capaces de doblegar a cualquier tribu que causara problemas. Los jinetes llevaban yelmos de hierro y petos, escudos de madera y largas lanzas con puntas de hierro.

TEST

¿En qué año fue unificada China?
¿Qué vestían los soldados chinos para protegerse de las flechas?
¿Las tribus nómadas vivían al norte o al sur de China?

Respuestas
1. 221 a. C., 2. Camisolas de seda, 3. Al norte.

23

Los Años Oscuros

41 Los Años Oscuros siguieron a la caída de Roma en 410 d. C. Los pueblos bárbaros ocuparon el Imperio Romano de Occidente, y la cultura antigua y los conocimientos se olvidaron. El Imperio Romano de Oriente perdió fuerza y terreno ante los bárbaros, pero sobrevivió al convertirse en el Imperio Bizantino, que continuó usando en general las armas y armaduras romanas.

▲ Guerreros anglosajones patrullando el dique que mandó construir el rey Offa de Mercia para definir la frontera con Gales en el año 784 d. C.

42 La caballería anglosajona era ligera. Britania fue invadida y colonizada por tribus germanas a mediados del siglo V d. C. y a principios del siglo VII dominaban casi toda la isla. Sólo los anglosajones más ricos lucían armaduras. La mayoría combatían con una lanza, una espada, un escudo redondo y un yelmo.

43 Los *berserkers* vestían pieles de animales en lugar de armaduras. Algunos guerreros vikingos eran conocidos como *berserkers* («camisas de pieles») por su costumbre de vestir pieles de oso y de lobo para combatir.

◄ Un *berserker* vikingo ataca vestido con una piel de oso. Estos guerreros entraban en un estado de rabia incontrolable que les hacía ignorar cualquier peligro.

44 **El hacha de batalla era un arma muy poderosa.** Muchos escandinavos usaban este tipo de hacha que tenía un mango de hasta dos metros de largo y un filo de más de treinta centímetros. Se blandía con ambas manos y un guerrero experimentado podía matar a un jinete y a su montura de un solo golpe.

TEST

¿Qué guerreros vestían pieles de animales?
¿Quién ganó la batalla de Lechfeld?
¿Quién construyó un dique entre Inglaterra y Gales?

Respuestas:
1. Los berserkers, 2. Los germanos, 3. El rey Offa.

◀ Vikingos blandiendo hachas de guerra atacan a un grupo de anglosajones.

45 **La caballería pesada dominaba el campo de batalla.** En el año 995 d. C. un pequeño ejército de caballeros germanos derrotó al numerosísimo ejército magiar en la batalla de Lechfeld, Alemania. Los caballeros (soldados a caballo con armadura, lanza y espada) fueron reconocidos como las tropas más efectivas.

25

Primeros caballeros

46 Los primeros caballeros usaban cota de malla. Hacia el año 1000, la mayoría de las armaduras se hacían de cota de malla. Era flexible y capaz de detener una estocada con garantías, pero era cara, por lo que sólo los ricos podían permitírsela.

Anillo de hierro

Orificios en los extremos

Extremos unidos con un remache

▲ La cota de malla se confeccionaba uniendo entre sí cientos de pequeños anillos de hierro. Podían unirse de muchas maneras, como si se estuviera cosiendo un jersey.

47 Los escudos se decoraban para identificar a sus dueños. Desde 1150, los caballeros llevaban yelmos que les cubrían el rostro para ir más protegidos. Hacia la misma época, empezaron a pintar blasones (escudos de armas) en sus escudos para poder ser reconocidos en combate.

48 Los primeros caballeros usaban en ocasiones armaduras de cuero. La cota de malla era efectiva, pero pesada y cara, por lo que algunos caballeros usaban armaduras de cuero cocido y endurecido. Eran más ligeras y cómodas, y también protegían en cierta medida de los golpes.

◄ Un caballero hacia el año 1100. Lleva una cota de malla completa, con calzas de malla y un yelmo hecho con una sola lámina de acero. Su escudo es de madera.

49

La armadura de placas ofrecía más protección que la cota de malla. Hacia 1300 surgieron nuevas puntas de flecha y espadas capaces de perforar la cota de malla. Esto llevó a crear la armadura de placas de metal moldeadas para ajustarse al cuerpo, que ofrecían una protección mucho más eficaz contra flechas y espadas.

50

La maza podía destruir una armadura por completo. El arma más efectiva para destruir una armadura de placas era la maza: una gran bola metálica al final de un largo mango de madera. Un golpe de maza podía aplastar la armadura y rompía los huesos del caballero.

TEST

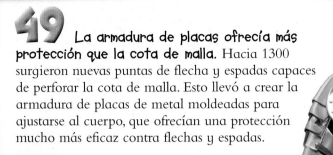

La armadura alrededor del estómago y las caderas debía ser lo suficientemente flexible para permitir inclinarse y girarse.

La sección más complicada de la armadura era el guantelete que cubría la mano. Podía llegar a contar con 30 piezas de metal.

Las piernas y los pies estaban protegidos por piezas que cubrían totalmente las extremidades.

▶ Una armadura de placas hecha en Europa a principios del siglo XIV.

27

Arqueros y campesinos

51 **La infantería solía estar armada pobremente.** Hace unos mil años, campesinos y artesanos podían ser reclutados para luchar contra un ejército enemigo. Estos hombres no podían permitirse una armadura y no llevaban más que una lanza y un cuchillo largo o un hacha. Generalmente protegían ciudades y castillos.

▼ Un lancero galés hacia 1350. Lleva una lanza y una espada, pero nada que le sirva de armadura.

◄ Un arquero inglés hacia 1400. Lleva un casco metálico y armadura acolchada.

52 **El arco largo era un arma letal.** Hacia 1320 los ingleses incluyeron en sus ejércitos miles de arqueros capaces de disparar ocho flechas por minuto y crear una mortífera lluvia de flechas que podía masacrar a distancia al enemigo.

53 **Algunas armas se basaban en aperos de labranza.** Muchos soldados usaban armas que eran simples modificaciones de aperos de labranza. La bisarma o albarda constaba de un filo cortante sobre un asta, pero con su gancho curvo se podía desmontar a un jinete y perforarle luego con su filo la armadura.

▲ Cabezas de una guja inglesa (izquierda) y un *goedendag* holandés (derecha). Ambas fueron armas de asta usadas por la infantería.

54 **Las ballestas fueron usadas en algunos países.** Los soldados de Italia, los Países Bajos y otras áreas de Europa preferían la ballesta al arco. Tenía una tasa de fuego inferior, pero era más fácil aprender su manejo y resultaba más poderosa.

55 **Algunos infantes llevaban armadura.** La infantería desplegada desde ciudades ricas solía estar equipada con armadura. Podían crear sólidas formaciones muy efectivas en el combate con sus lanzas largas apuntando hacia delante.

◄ Un ballestero podía guarecerse bajo un gran escudo llamado pavés mientras recargaba su arma.

Últimos caballeros

56 **En las tropas, los caballeros eran los más importantes.** Poseían el mejor armamento y eran los más experimentados de cualquier ejército, por lo que solían estar al mando de las tropas.

57 **En ocasiones los caballeros luchaban a pie en vez de a caballo.** Los caballeros ingleses lucharon a pie a partir de 1300. Así tenían una posición más firme y la posibilidad de cooperar mejor con el resto de los soldados.

▶ El yelmo con celada permitía poder subir ésta de modo que el caballero pudiera ver y respirar mejor.

¡NO ME LO PUEDO CREER!

En la batalla de Agincourt, en Francia, en 1415, los ingleses mataron a 10.000 franceses y sólo perdieron 100 hombres.

58

Empezaron a utilizarse armaduras metálicas y de cuero para los caballos. Hacia 1300 los caballeros empezaron a proteger a sus caballos con bardas. Los caballos sin armadura podían resultar heridos o incluso morir por las flechas y lanzas del enemigo, dejando al caballero desprotegido. Los caballos que tenían bardas se situaban en primera línea de combate.

▶ La barda era moldeada para que se ajustara a la cabeza y el cuello del caballo y se dejaba suelta sobre las patas.

59

El mangual era un arma difícil de manejar. Consistía en una gran bola de metal con pinchos unida por una cadena a un mango de madera. Podía infligir terribles heridas, pero uno podía golpearse a sí mismo sin querer, por lo que sólo hombres muy experimentados en su manejo podían sacarle partido.

◀ Un caballero usa un mangual en combate.

60

Cada uno en su puesto en el campo de batalla. El general colocaba a sus hombres de manera que dieran lo mejor de sí mismos en su puesto. Los mejor acorazados se situaban donde se esperaba que el enemigo iba a atacar, mientras que los arqueros ocupaban los flancos (lado izquierdo y derecho), desde donde alcanzaban todo el campo de batalla. Los peor protegidos se situaban en la retaguardia, listos para perseguir al enemigo en cuanto retrocediera.

La guerra en el desierto

61 Los arcos se fabricaban con diversos materiales. En las zonas desérticas de Oriente Medio, los soldados usaban arcos hechos con láminas de cuerno o hueso, unidas con fuerza mediante tendones, a los que se daba la forma requerida. Se denominan arcos compuestos y disparaban flechas con más fuerza que los arcos largos.

▲ El arco recurvo es pequeño pero potente.

62 Los mongoles usaban armaduras ligeras. Los mongoles eran una tribu de Asia central comandada por Gengis Kan (1162-1227). Su armadura era ligera debido a que en Asia central escaseaba el hierro. Por esa razón desarrollaron tácticas basadas en movimientos rápidos de la caballería.

63 **Las espadas curvas eran conocidas como cimitarras.** Los armeros de la ciudad de Damasco, en Siria, inventaron una nueva forma de hacer espadas hacia el año 1100. Se trataba de doblar el acero sobre sí mismo varias veces mientras estaba al rojo vivo. El nuevo metal fue usado para hacer unas espadas curvas que resultaban ligeras e increíblemente afiladas llamadas cimitarras.

64 **La armadura turca se confeccionaba con una cota de malla sobre la que se fijaban placas metálicas solapadas.** Estas placas medían unos seis centímetros de largo por dos de ancho y se fijaban de modo que pudiera atravesarlas el aire, pero no las espadas. La armadura era ligera, cómoda y efectiva, pero costosa.

▲ Un sarraceno con armadura turca empuña una cimitarra. Los sarracenos vestían largas capas y turbantes para combatir el calor del desierto.

◄ El ejército mongol ataca a los soldados de la ciudad de Kiev, en Ucrania. Aunque había sido diseñado para las estepas y el desierto, el armamento mongol también era efectivo en los fríos bosques.

65 **La armadura tenía que ser ligera debido al calor.** La armadura de placas habitual en Europa no se usaba en los desiertos de Oriente Medio. Las placas metálicas impedían circular el aire alrededor del cuerpo y resultaban muy incómodas. Los guerreros del desierto de los siglos XIII al XV usaban túnicas y piezas ligeras de armadura.

Armas de la India

▼ Un soldado indio sin armadura pero con un escudo y una espada *pata*.

▶ Los escudos indios a menudo tenían intrincados diseños para hacerlos más impresionantes.

66 **La India cuenta con una tradición única en armamento.** Entre 1650 y 1800 las amplias tierras al sur del Himalaya (actualmente: India, Pakistán y Bangladés), estaban divididas en numerosos Estados. Cada uno tenía su propio ejército y se esforzaban por poseer un poderoso armamento.

67 **La *khanda* era una espada larga de doble filo.** Esta pesada espada solía contar con espacio suficiente en la empuñadura para poder blandirla con las dos manos. Las más grandes solían colgarse de un cinturón por encima del hombro para que colgaran por la espalda.

68 **Los soldados indios usaban la *pata*.** Se trataba de un guantelete de hierro que cubría casi hasta el codo unido al filo de una espada. Resultaba idónea para dar estocadas, sobre todo a lomos de un caballo, aunque su filo no era efectivo cortando.

69

El *talwar* era una espada curva de un solo filo, pero agudísimo. La empuñadura solía ser redondeada, casi como las cachas de un revólver. Se decoraba con oro, plata y piedras preciosas.

▲ El talwar se inventó hacia el siglo X y fue usado en combate a lo largo de novecientos años.

70

Los elefantes se usaban para combatir. Se colocaba una pequeña plataforma (una *howdah*) sobre el lomo del animal y desde allí hombres armados con arcos, y posteriormente con armas de fuego, disparaban sobre el enemigo.

▶ Los elefantes de batalla a menudo llevaban armadura, lo mismo que la howdah, que se cubría con placas de hierro.

Armas de la Polinesia

71 **Los polinesios luchaban sin armadura ni escudo.** Las islas del océano Pacífico eran el hogar de los pueblos polinesios. Antes de entrar en contacto con los europeos hacia 1750, estos pueblos fabricaban sus armas con materiales naturales. Confiaban más en la habilidad y el movimiento rápido en combate que en la protección de una armadura, aunque algunos hombres usaban gruesas camisolas hechas de fibra de coco para protegerse.

72 **Incrustaban dientes de tiburón en sus armas.** En la Polinesia Oriental usaban el *tebutje,* un garrote con dientes de tiburón incrustados en los laterales. Era un arma muy peligrosa en la lucha cuerpo a cuerpo al ser cortante y contundente a la vez.

▼ Una canoa de guerra polinesia de camino a realizar una incursión a una isla rival. Los remeros llevan sus armas a un lado.

▲ Los bumeranes solían estar decorados con tallas o pintados de vivos colores.

73 El bumerán no siempre regresaba.

Los aborígenes australianos usaban lanzas y arcos, así como el famoso bumerán. Este pesado palo arrojadizo tenía la forma adecuada para ser arrojado girando por los aires con bastante precisión. Sólo los más ligeros, que se empleaban para cazar, eran diseñados de modo que regresaran al lanzador.

74 Los garrotes de guerra eran las armas favoritas.

Los garrotes eran tallados de una sola pieza de madera y medían alrededor de un metro de longitud. Tenían anchas y pesadas cabezas repletas de tallas muy elaboradas.

▶ Un *mere maorí*. Estos garrotes cortos se fabricaban con maderas muy duras.

75 Los maoríes usaban armas de madera.

Los maoríes, aborígenes de Nueva Zelanda, fabricaban unos garrotes asombrosos. Uno de ellos era el *mere*, de empuñadura corta y con un ancho y curvo filo muy cortante.

¡NO ME LO PUEDO CREER!

En las islas Fiyi los guerreros usaban largos garrotes con puntas en forma de piña para combatir.

Armas africanas

76 **La *iklwa* era un arma letal.** Los zulúes del sur de África fueron gobernados por el rey Shaka de 1816 a 1828, quien construyó un imperio de miles de kilómetros cuadrados. Shaka introdujo un arma nueva, la iklwa, una lanza corta de punta muy ancha usada para perforar. Demostró ser mucho más letal que las tradicionales lanzas arrojadizas usadas por otros pueblos de la zona.

77 **La azagaya era una lanza arrojadiza.** Tenía una punta más pequeña y ligera que la iklwa. Los zulúes empezaban el combate arrojando las dos o tres azagayas que llevaban y luego corrían hacia el enemigo con la iklwa en la mano.

78 **Los tocados eran un mero adorno.** Los zulúes llevaban tocados para parecer más altos e imponentes. Eran de paja y estaban adornados con largas plumas de avestruz y de grulla, tiras de piel y mechones de lana.

79

El *knobkerrie* podía romperte el cráneo.
Muchos guerreros zulúes llevaban un pesado garrote de madera, conocido como knobkerrie, además de la iklwa. Si perdían ésta, podían usar el knobkerrie para combatir cuerpo a cuerpo.

80

Los escudos se hacían con piel de vaca. Los escudos zulúes medían casi dos metros de longitud y eran de piel de vaca sujeta a un armazón de madera con tiras de cuero.

Haz marionetas zulúes

Necesitarás:

cartulina • palitos de polos • ceras • pegamento • tijeras

Dibuja unos cuantos guerreros zulúes sobre una cartulina.

Recórtalos y coloréalos.

Pega un palito de helado en la parte de atrás de cada guerrero.

Si haces suficientes zulúes puedes pegar sus palitos a una tablita de forma que parezca que están en formación de batalla.

◀ Un *impi* o ejército zulú en marcha. Los muchachos acompañaban a los guerreros transportando los catres, las provisiones y las armas de reserva.

Las Américas

81 **En América Central y del Sur se arrojaban lanzas al inicio del combate.** Los aztecas construyeron un vasto imperio en lo que ahora es México entre 1400 y 1510. Sus guerreros derrotaron a casi todos los pueblos de la zona. Cada batalla comenzaba con ambos bandos arrojándose jabalinas. Luego cargaban contra el enemigo para luchar cuerpo a cuerpo.

◄ En combate, algunos guerreros aztecas vestían simulando ser águilas, jaguares y otros fieros animales.

82 **La obsidiana era muy afilada.** Los aztecas, los mayas y otros pueblos de América no conocían el hierro ni el bronce, por lo que hacían sus armas con materiales naturales. Las armas más efectivas tenían incrustados guijarros de obsidiana, un mineral duro y parecido al cristal que al fracturarse produce aristas muy afiladas.

83 **Los garrotes se empleaban para dejar sin sentido al enemigo.** Uno de los propósitos principales en la guerra entre mayas y aztecas era la captura de prisioneros, que eran llevados a los templos para ser sacrificados a dioses como Hutzilopochtli, el dios de la guerra, arrancándoles el corazón en vida.

84 **Los escudos estaban muy decorados.** Los escudos de mayas y aztecas eran de madera y estaban cubiertos de coloridas pieles de animales y de plumas. A menudo colgaban cintas de plumas o piel para desviar las jabalinas.

◄ Los guerreros mayas trataban de capturar a los nobles y caudillos enemigos para sacrificarlos a sus dioses.

85 **El *tomahawk* fue un arma muy famosa de las tribus indias de América del Norte.** Era un hacha de mango corto y cabeza pesada. Las cabezas de los primeros tomahawks eran de hueso, pero tras la llegada de los europeos a América del Norte, los indios comenzaron a hacerse con metal para fabricar sus hachas.

► Los nativos de la zona oriental de América del Norte usaban lanzas y un tipo de hachas conocidas como tomahawks.

El código del bushido

86 **Los samuráis vestían armaduras muy elaboradas.** En Japón existieron guerreros samuráis desde el año 800 hasta 1860. Vestían armaduras hechas con cientos de pequeñas placas metálicas enlazadas con seda. Cada grupo de samuráis tenía un banderín o *sashimono* en el que solía representarse el dibujo de una planta o un animal.

87 **Forjar la espada de un samurái duraba semanas.** Se forjaba combinando tiras de diferentes tipos de acero y moldeándolas para lograr un filo suave. Cada espada era fabricada por un maestro armero siguiendo un proceso que alternaba oraciones y rituales religiosos con el trabajo del metal.

88 **El *bushido* era la senda del guerrero.** Hacia 1500, se esperaba de los samuráis que siguieran el código de conducta conocido como bushido, que propugnaba lealtad y honor, así como valentía y habilidad con las armas.

▲ El samurái practicaba con armas y armaduras durante largos periodos. En ocasiones se ejercitaba realizando elaboradas demostraciones.

▲ Todos los samuráis eran entrenados en el combate a caballo y se esperaba de ellos que usaran sus arcos y sus espadas mientras cabalgaban al galope.

89
Los arqueros eran muy respetados. Hacia el año 800, el primero de los samuráis denominó su profesión como «el camino de la flecha». Esto se debía a que la habilidad con el arco era considerada lo más importante para un guerrero. Fue después cuando las espadas cobraron importancia, pero el arco permaneció como el arma clave hasta el final del periodo samurái, hacia 1860.

90
La mayoría de los samuráis llevaba dos espadas. La catana era la más usada en combate, mientras que la *wakizashi*, más corta, se usaba en casos de emergencia o para llevar a cabo el suicidio ritual. Algunos samuráis preferían para luchar la *nodachi*, más larga que la katana y que se empuñaba con las dos manos.

▶ Pintura de un guerrero samurai que muestra los llamativos diseños de la ropa que les gustaba lucir.

El fin de una era

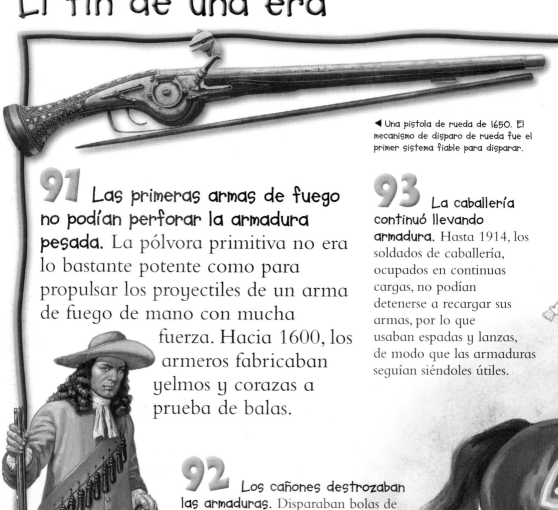

◀ Una pistola de rueda de 1650. El mecanismo de disparo de rueda fue el primer sistema fiable para disparar.

91 **Las primeras armas de fuego no podían perforar la armadura pesada.** La pólvora primitiva no era lo bastante potente como para propulsar los proyectiles de un arma de fuego de mano con mucha fuerza. Hacia 1600, los armeros fabricaban yelmos y corazas a prueba de balas.

93 **La caballería continuó llevando armadura.** Hasta 1914, los soldados de caballería, ocupados en continuas cargas, no podían detenerse a recargar sus armas, por lo que usaban espadas y lanzas, de modo que las armaduras seguían siéndoles útiles.

92 **Los cañones destrozaban las armaduras.** Disparaban bolas de hierro y piedra que pesaban más de veinticinco kilogramos. Estaban diseñados para derrumbar murallas, pero también se usaban contra las tropas enemigas. Ninguna armadura podía proteger del impacto de estas armas.

◀ Un mosquetero hacia 1660. Cada cartucho de su cinturón alberga una bala y la pólvora necesaria para dispararla.

▼ Coracero francés en 1810. Usaba un casco de hierro y una coraza.

94 Los oficiales de infantería usaban gorjal. Ésta fue una de las últimas piezas de armadura en caer en desuso. Era una pequeña pieza metálica que encajaba con la parte baja del yelmo y protegía el cuello. Los gorjales a menudo se usaban para distinguir el rango de su poseedor, por lo que siguieron usándose mucho después de haber abandonado los yelmos en muchos países, incluso después de 1914.

▶ Mosquetero hacia 1770. Carga el mosquete usando la baqueta para introducir la bala y la pólvora por el cañón.

95 A partir de 1850 la mayoría de los soldados abandonaron la armadura. A medida que las armas de fuego se hacían más efectivas, eran capaces de disparar proyectiles a más distancia y con mayor potencia. Hacia 1850 casi todos los infantes llevaban armas de fuego que podían atravesar cualquier armadura, por lo que éstas dejaron de usarse.

¡NO ME LO PUEDO CREER!

Incluso en 1914 la caballería francesa combatió usando armadura pese a que se enfrentaban a las ametralladoras y la artillería enemiga.

45

Armas y armaduras modernas

96 Durante la Primera Guerra Mundial se usaron por vez primera armas químicas. En abril de 1915, los alemanes usaron gas venenoso contra soldados franceses. El gas irritaba los tejidos pulmonares y la garganta. Los soldados comenzaron a llevar máscaras antigás para protegerse.

▶ Un soldado de infantería inglés en 1944. Lleva un casco de acero y un subfusil Sten.

▲ Carga de un soldado de caballería inglés en 1916. El jinete y su montura llevan máscaras para protegerse de los gases venenosos.

TEST

¿Se usó por primera vez el gas venenoso en la Segunda Guerra Mundial?
¿Que significan las siglas «VAP»?
¿Los artificieros llevan algún traje protector?

Respuestas:
1. No, fue en la Primera Guerra Mundial. 2. Vehículo Acorazado Porta personal. 3. Si.

97 Los soldados actuales siempre llevan cascos. Las balas y las explosiones, que casi siempre arrojan trozos metálicos llamados metralla, son una amenaza, y el casco protege la cabeza, la parte más importante del cuerpo, de la posibilidad de recibir un impacto.

► Un tanque principal de batalla (MBT en inglés) avanza por el desierto. La creación de los tanques y otros vehículos acorazados transformó el arte de la guerra.

98 Actualmente los tanques son fundamentales.
El blindaje que se necesita para detener los proyectiles y misiles actuales es demasiado pesado para una persona, pero puede ser montado sobre un vehículo, como un carro de combate o un VAP (Vehículo Acorazado Porta-personas). Estos son tan importantes en los ejércitos modernos como lo fueron los caballeros de brillante armadura en el medievo.

99 La mejor armadura es la que te hace invisible.
Los soldados se camuflan usando colores que los confunden con el entorno, ya sea vegetación, arena o nieve. Sus cascos suelen tener una redecilla en la que se pueden sujetar trozos de vegetación para mejorar el camuflaje.

▼ Un soldado americano en Iraq. Lleva chaleco antibalas y casco.

100 Los artificieros usan un equipo protector especial.
Los trajes protectores, diseñados para proteger de la onda expansiva, cubren casi todo el cuerpo y permiten la libertad de movimiento justa para desactivar la bomba.

47

Índice